LETTRES

AUX

NORMANDS.

LETTRES

AUX

NORMANDS,

PAR M. LE VICOMTE DE TOCQUEVILLE.

Première Lettre.

LA RÉVOLUTION DE 1830.

> »....... Que vouliez-vous que fissent les provinces, sans liens entr'elles, sans direction quelconque ? elles ont fait ce qu'il était impossible qu'elles ne fissent pas, elles ont subi la révolution. »

M. de Conny. De l'avenir de la France, page 44.

5o centimes.

Au profit des familles malheureuses de Cherbourg, qui ont souffert du choléra.

Se vend A Cherbourg, chez BOULANGER fils, Imprimeur-Libraire, rue de la Vase ;
NOBLET, Imp.-Lib., place de la Fontaine.
A Valognes, chez GOMONT, Imprimeur-Libraire, près de l'Eglise.
A Caen, chez LE CRÊNE, Libraire, rue Froide ; MANOURY, id., id.
A Paris, chez DENTU, Libraire, Palais-Royal, Galerie d'Orléans,
Et rue d'Erfurth, N.º 1. (bis.)

Cherbourg, Imprimerie de NOBLET, place de la Fontaine.

LETTRES

AUX

NORMANDS.

◆◇◆◇◆◇◆◇◆◇◆

UN MOT AU LECTEUR.

◆◇◆◇◆◇◆◇◆◇◆

La révolution de 1830 a passé sur nous comme un ouragan. De son souffle impétueux elle a remué toutes les passions, bouleversé toutes les idées et ébranlé l'ordre social dans ses bases les plus solides.

Nombre de questions ont surgi : questions déjà traitées cent fois, mille fois, questions rebattues, questions usées en quelque sorte, à force d'avoir été frottées l'une à l'autre ; mais questions néanmoins toujours neuves, toujours intéressantes, parce qu'elles touchent à ce qui passe le plus près du cœur de l'homme ; par cette raison aussi, questions toujours obscurcies, toujours embrouillées, armes à deux tranchans, que dans les temps de crises politiques, les partis emploient, souvent avec un égal succès, pour arriver à leurs fins.

Prendre successivement chacune de ces questions, la dépouiller des voiles trompeurs dont l'ambition et la mauvaise foi pourraient l'avoir enveloppée, l'examiner enfin, sinon avec talent, du moins avec calme et impartialité, telle est la tâche que s'est imposée l'auteur des *Lettres aux Normands*.

Trop heureux, trop payé de ses peines, s'il peut parvenir à faire pénétrer dans quelques esprits le jour pur de la vérité.

La première de ces questions, *la question mère*, sans contredit, est la *Révolution de* 1830 elle-même. C'est elle qui fait le sujet de notre première Lettre.

Nous ne croyons pas avoir besoin de dire que ce n'est point ici affaire de spéculation. Le produit de chacune de ces *Lettres* sera consacré à soulager une infortune.

Puisse la triste politique être une fois au moins utile à l'humanité !

Vte DE TOCQUEVILLE.

Nacqueville, près Cherbourg, le 20 *Octobre* 1832.

LETTRES AUX NORMANDS.

PREMIÈRE LETTRE.

LA RÉVOLUTION DE 1830.

> »........ Que vouliez-vous que fissent
> les provinces, sans liens entr'elles, sans
> direction quelconque? elles ont fait ce
> qu'il était impossible qu'elles ne fis-
> sent pas, elles ont subi la révolution. »
>
> *M. de Conny. De l'avenir de la France,*
> *page* 44.

Ce grand événement est le plus extraordinaire
des temps modernes. Il fut accueilli par les uns
avec satisfaction, avec tristesse par d'autres, et
enfin par tous, avec surprise.

Qui eût pu seulement soupçonner un dé-
nouement aussi rapide ? jamais l'imagination
la plus exaltée, le cerveau le plus en délire,
n'enfantèrent dans leurs rêves catastrophe pa-
reille à celle que nous vîmes arriver si vite !
la postérité n'osera pas y ajouter foi. Elle ne
pourra croire à une vaste conspiration accomplie
sans conspirateurs, car ces *fameux comédiens de*
15 *ans* auraient rougi de leur petit nombre, s'ils se

fussent comptés : la franchise nationale répugne trop à ce rôle. Dans ce beau pays de France, on ne doit combattre qu'avec armes courtoises et visière levée; la trahison est flétrie dans les mœurs encore plus que dans les lois, et telle bannière serait souillée du moment où l'on n'oserait l'arborer que dans les ténèbres. Quoi! la France entière se serait soumise à d'obscurs conjurés !... elle aurait cédé à un complot tramé dans l'ombre, accompli par surprise, et tout cela s'appellerait une *grande révolution ! de glorieuses journées!...* quel abus complet des mots de notre langue ! non , ma patrie n'est point tombée si bas , je lui rends plus de justice : elle fut dupée, mais ne fut pas asservie.

La révolution de juillet trompa tout le monde. Les royalistes de l'opposition, certes, ne voulaient pas détrôner le monarque, et cependant sans eux, l'adresse des 221 ne serait pas sortie du néant ; ce sont eux qui entraînèrent la fatale balance de tout le poids de leurs votes. L'autre opposition battit des mains , exalta le courage des royalistes; hélas! il n'y en avait déjà plus beaucoup à attaquer le trône. Ces mêmes royalistes, au milieu de leurs triomphes , que depuis on leur a fait payer un peu cher, devaient éprouver comme un remords d'être ainsi fêtés dans les rangs de ceux qu'ils avaient combattus pendant quinze années.

A quoi attribuer cet accord nouveau et ce singulier pacte? comment les mandataires de la nation osèrent-ils déclarer au souverain, reconnu de tous, qu'ils lui refusaient leur concours?

Ils avaient sans doute une raison péremptoire et décisive. La charte avait été violée, ou bien les ministres prévariquaient visiblement et s'entendaient avec les ennemis de la France.

Mais le ministère, que je suis loin d'ailleurs de vouloir défendre, s'était renfermé scrupuleusement dans la charte; on n'avait pas d'illégalités à lui reprocher, il est même certain qu'il n'en méditait pas à cette époque, puisqu'il se présentait devant une chambre qu'on croyait bien décidée à n'en sanctionner aucunes.

Que serait-il donc arrivé, si on lui eût permis de commencer la session?

Proposait-il des lois dangereuses? la majorité les repoussait. Cassait-il la chambre?.. alors il était l'aggresseur, et les colléges électoraux vengeaient le pays, en renvoyant une majorité protectrice de nos institutions.

Si, au contraire, le ministère eût proposé de bonnes lois, pourquoi ne pas les accepter de sa main? que fait au contribuable que M. de Polignac soit ministre ou bien M. Laffitte, pourvu que ses droits soient garantis et qu'on le dégrève? complétement indifférent pour les noms propres, il eût dit sans doute aux députés de la France: n'engagez pas une conflagration funeste, ne vous défiez pas tant de votre roi ; n'empoisonnez pas, par vos querelles, les derniers jours d'un vieillard qui jusqu'à présent ne vous fit que du bien, laissez-le choisir ses ministres, car il est roi, et c'est là son droit manifeste ; le vôtre est tout de surveil-lance. Sentinelle avancée, ne vous endormez pas, mais aussi ne sonnez pas trop tôt le canon d'alar-mes, et surtout ne tirez pas avant d'avoir vu l'ennemi.

Ce ministère était imprudemment choisi, j'en conviens, mais la première règle avant tout est d'être juste : avait-il commis avant l'*adresse* quelques violations de la constitution ? aucunes que je sache. *Ses menées et ses intrigues* préparaient une expédition glorieuse, et la suite a depuis prouvé toute sa complicité avec le dey d'Alger.

Pourquoi donc, je le répète, fut-il tout d'abord stigmatysé par la chambre des députés ? pourquoi le condamna-t-elle avant de l'entendre ?

Les ministres, répond-on, déplaisaient personnellement aux députés, et déjà, dans des réunions préparatoires, ils n'avaient pas caché leur répugnance. Voici, je l'avoue, une singulière raison, pour que des hommes graves se décident à rom-

pre brusquement en visière avec un monarque
que tous respectaient et qui était aimé du plus
grand nombre. Ont-ils une excuse dans la fougue
et l'emportement de la jeunesse? mais ces *élus du
peuple* avaient atteint l'âge de la modération et
de la sagesse ; leurs premières années s'étaient
écoulées au bruit de nos discordes; n'avaient-
ils donc plus mémoire de leur jeune âge ? ils
oubliaient également les leçons de l'histoire ;
comment, sans cela, imaginer qu'ils eussent
ainsi les premiers tiré l'épée du fourreau et
replongé leur pays dans la mer orageuse des
révolutions?

Les députés libéraux qui signèrent la *fameuse
adresse*, ne songeaient pas tous non plus à renverser le trône; leur amour-propre était blessé
de voir des ministres pris dans des rangs diamé-
tralement opposés, et ils voulurent à toute force
les expulser. Le banc des porte-feuilles a toujours
été un grand objet de convoitise (*), bien qu'on
voie s'y asseoir aussi tous les dégouts, et qu'on
entende les passions les plus violentes bourdon-
ner sans cesse autour de lui.

Ces députés, dans leur haine aveugle, don-

(*) Excepté toutefois dans le moment actuel, où nous
avons vu les partis se renvoyer mutuellement la balle em-
poisonnée du pouvoir.

nèrent la main au petit nombre de leurs col-
lègues, qui voulaient obstinément renverser les
petits-fils de Louis XIV.

C'est ainsi que se créa cette ligue étrange,
formée de tant d'élémens différens, de tant d'intérêts divers, qui s'étaient réunis un moment
pour détruire, fascinés qu'ils étaient tous par le
génie des tempêtes.

Dans quelle perplexité dut se trouver Charles X
au milieu de cette fatale crise! admettons qu'il
reconnût qu'il s'était trompé dans la composition
de son ministère : son cœur devait se trouver pro-
fondément blessé d'apercevoir autant d'animo-
sité contre son gouvernement; ceux qui devaient
travailler au bien de l'état, refusaient d'y concou-
rir; ils ne voulaient rien entendre, prétendaient
gouverner la prérogative et demandaient déjà
une abdication morale; n'était-ce pas, je le demande, une infraction manifeste à la charte,
qui autorisait bien la mise en accusation des ministres, mais sur des actes et des faits accomplis?
Ici, c'est l'intention présumée que l'on met en
cause, ce sont des opinions individuelles que l'on
condamne, voilà bien tout le despotisme d'une
assemblée mis en évidence! si enfin elle triomphe,
cette chambre envahissante, si la victoire passe
décidément de son côté, alors c'est elle qui aura

toujours été légale et juste. Le prince détrôné
sera banni et ce ne sera plus qu'un roi parjure.

La France, trompée par de séduisans sophis-
mes et d'éloquens mensonges, brûla ce qu'elle
adorait encore franchement la veille. Une liberté nouvelle se présenta et l'égara par un faux
sourire; elle crut en elle, et, prompte a l'ado-
rer, elle dédaigna cette autre liberté au front
modeste, qui, pendant quinze ans, présida à ses
destinées et lui donna les prospérités intérieures
avec la gloire.

On lui présenta le drapeau d'Austerlitz, et elle
oublia que c'était aussi celui de 93: trop facile à
se passionner, elle l'arbora vite et traîna le drapeau blanc dans la poussière. Cependant il avait,
lui, de plus longs titres de gloire à revendiquer.
L'anglais avait fui jadis à sa vue, quand il était
porté par une héroïne; cette bannière se déroule
glorieusement dans les fastes de notre histoire;
elle présida à l'aggrandissement de la France, vit
reculer ses frontières et peut enfin opposer des
siècles contre les années de l'autre.

Ce nouveau drapeau, déshérité de son aigle,
où nous a-t-il conduits? qu'a-t-il fait pour se substituer à celui d'Alger et de Navarin?... a-t-il guidé
nos bataillons à la victoire? cette Belgique, qui
fut long-tems la nôtre, a-t-elle vu nos soldats

venir réclamer leur ancienne conquête?... Non.
Le lion de Waterloo dort en paix sur ses trophées
et repose à l'ombre des cyprès arrosés de notre
sang : le coq gaulois n'a pas osé le réveiller.

La France, renonçant à l'éclat guerrier, dut au
moins exiger de la révolution de juillet cette
paix intérieure et cette félicité qui lui avaient été
si fastueusement promises, et cependant, la Nor-
mandie est-elle plus florissante et plus heureuse?
interrogeons tous ceux qui composent sa nom-
breuse population, voyons si la somme de leurs
jouissances est augmentée et s'ils ont obtenu
quelque adoucissement à leur misère. Commen-
çons par les plus pauvres, qui sont les plus à plain-
dre et qui ont le plus besoin de secours. Les jour-
naliers, les hommes de peine ont-ils plus d'ou-
vrage? la journée de labeur a-t-elle haussé de prix?
se procurent-ils à meilleur compte le morceau de
pain qui les nourrit? nullement, ils travaillent
comme par le passé, plutôt moins que plus, et ne
gagnent pas davantage.

Les travaux de Cherbourg ont un peu repris depuis quelque tems, mais les continue-
ra-t-on, avec un budget que tout le monde
attaque et qui ne peut cependant suffire aux
dépenses? cette ville importante eût pu espé-
rer mieux sous la restauration, et le minis-

tère de M. Hyde-de-Neuville promettait les plus grands développemens aux ouvrages du port. Ce ministre habile , ce bon citoyen , s'occupait beaucoup de l'administration de son déparment et ne donnait pas tout son tems aux théories qui , souvent, n'amènent que des phrases sonores et de vaines promesses de tribune. Il fit un voyage à Cherbourg, examina tout par lui-même et activa les travaux. Au dire des administrateurs, ce ministre de Charles X fit plus pour ce port si digne d'intérêt que tous ses prédécesseurs, et, il faut bien l'avouer, si quelques ouvrages importans ont été récemment terminés, si on remarque aujourd'hui même quelque activité dans les établissemens maritimes de Cherbourg, nous avons de fortes raisons pour croire que c'est encore à lui qu'on en est redevable, et qu'on ne fait que poursuivre actuellement un travail arrêté par lui à une autre époque.

Interrogeons le commerce : il nous dira les coups funestes que la grande semaine lui a portés. Nous l'avons vu d'abord, frappé au cœur dans la Capitale, se débattre , languissant pendant deux années ; ses blessures sont toujours saignantes. Le soleil de juillet a frappé sur lui des rayons trop desséchans : l'arbre de la nouvelle liberté n'a pu lui servir d'abri.

Combien de négocians honorables ont vu leur crédit renversé! Y eut-il jamais tant de faillites? la fatale banqueroute est venue atteindre les partisans même les plus zélés de la révolution. Sans doute leur patriotisme a pu les aider à supporter patiemment leurs désastres. Il est fâcheux néanmoins qu'ayant prospéré long-tems pendant la persécution prétendue de leur parti, leur ruine soit arrivée justement après son triomphe.

Le commerce de notre grande province n'a pas gagné non plus à l'état de choses actuel. Nos manufactures, nos riches usines prospèrent-elles davantage? y emploie-t-on plus d'ouvriers? existe-t-il des débouchés plus faciles pour l'écoulement des marchandises? je laisse à tout lecteur de bonne foi le soin de me répondre.

Une de nos principales cités, la ville de Caen, qu'a-t-elle gagné à la révolution? rien, sans doute. On y entend partout des plaintes et souvent des regrets; ses nouveaux monumens ont été à peine respectés: la statue de Louis XIV, privée de ses fleurs de lis, est restée debout, il est vrai, pendant qu'on chassait du territoire les enfans du grand roi, mais la flamme tricolore a été placée dans sa puissante main: c'est sans doute pour servir de sauve-garde et assurer le droit d'azile à ce roi, qui acquit à la France l'Alsace, la

Flandre et la Franche-Comté et sut conserver, malgré les malheurs de ses vieux ans, les conquêtes de sa jeunesse.

Examinons si la révolution de 1830 a présenté plus de réalités dans les campagnes. Voyons si elle a soulagé cette classe si intéressante des laboureurs, ces pères nourriciers de la société.

Sans doute nous allons trouver leur position améliorée. Après avoir supporté le poids du jour, ils doivent trouver chez eux, le soir, une meilleure nourriture; leurs denrées se vendent plus cher; en un mot, la révolution a réalisé pour eux le souhait du Béarnais, et le dimanche ils peuvent mettre *la poule au pot.......* Mais, je vous le demande, laborieux cultivateurs, êtes-vous plus riches et plus heureux que sous le sceptre paternel du vieux roi que vous avez chassé? car, vous aussi, vous l'avez renvoyé, il faut bien que je vous l'apprenne; c'est ce qu'affirment du moins ceux qui ont agi en votre nom, bien qu'ils n'osent admettre votre suffrage. En effet, vous faites partie du peuple souverain, et j'ai ouï conter que c'est le peuple tout entier, que c'est son vœu unanime et bien constaté, qui a repoussé de la France la branche aînée des Bourbons. N'étiez-vous pas exaspérés vivement contre cette famille si tyrannique? et si on eût fait un appel à votre patriotisme, chacun de vous, abandonnant sa

charrue, n'eût-il pas saisi sa faux ou sa fourche
pour courir, enflammé de courroux, expulser
plus vite du territoire un vieillard, un enfant et
deux femmes?...

Voilà ce que des journaux n'ont pas craint
d'écrire pour un public trop crédule. Ils voulaient, ces imposteurs, vous représenter courbés
sous la glèbe, craignant le retour de la dîme et
des droits féodaux et tourmentés déjà par des sei-
gneurs imaginaires. Ils ne craignirent même pas
de se servir de ces incendies multipliés, qui dé-
solaient nos campagnes. A les entendre, c'étaient
les ministres qui attisaient les flammes et qui
payaient les incendiaires. Cette infâme calomnie
fut répétée cent fois. Depuis, ces coupables, qu'on
disait payés par l'ancien gouvernement, sont
tombés sous la main de la justice d'aujourd'hui,
qu'en a-t-on fait? ils ont été jugés, condamnés.
Eh! bien... sur quelle place publique ont-ils été
exécutés? nommez le bourreau qui a fait tomber
leur tête!.... vous ne répondez pas : citez-moi
donc au moins l'ordonnance royale qui a com-
mué leur peine ?......

Ces journaux dangereux ne craignaient pas de
faire naître sans cesse des terreurs violentes dans
des esprits trop faciles à abuser, en leur présentant,
comme très-prochain, le retour d'abus qu'on

tenterait en vain d'exhumer d'un passé anéanti.
L'ancien régime expira il y a quarante ans. Comment peut-on ressusciter un mort? chaque siècle
s'avance à son tour, apportant avec lui ses institutions, ses mœurs et ses lois; le dix-neuvième ne
peut pas plus qu'un autre rétrograder. Il faut
qu'il marche et qu'il accomplisse ses destinées. Que
seront-elles et quelle lumière doit sortir du cahos
où nous sommes? nul ne le sait encore, mais en
attendant que la nue se déchire, ne nous laissons
plus prendre à des tirades usées et à des phrases
toutes faites; ce sont le plus souvent des mots retentissans, mais pour des vérités, aucunes.

Si vous en voulez trouver, examinez l'état du
pays et comparez les impôts du dernier règne avec
ceux de celui-ci. C'est là que la triste vérité viendra se montrer à vous toute entière, et cependant, le gouvernement de la révolution avait reçu
tous les trésors de la Casauba, ce magnifique legs
que nous fit la restauration à son lit de mort. (*)

Ce sont des faits qui ne sont que trop réels: ils
ont pour persuader la meilleure des éloquences,
celle des chiffres.

Ce qui ressort évidemment de tout ce qui
précède, pour tout homme doué d'un peu de bon

(*) Voir le tableau comparatif annexé à la présente lettre.

sens, c'est que le peuple souffre davantage après une *régénération politique*, comme ils l'appellent, faite dit-on par le peuple, et toujours, *bien entendu*, dans son intérêt.

Je prends occasion de signaler en passant l'impôt qui pèse le plus en ce moment sur la classe malheureuse.

Le pauvre ouvrier, rentré dans sa chaumière, doit au moins y trouver repos et sécurité. Qui peut envier son sort?... mais non, le fisc y pénètre après lui, pour frapper des droits sur l'étroite lucarne qui éclaire à demi sa cabane.

L'impôt des portes et fenêtres fut toujours dur à porter au peuple. Lorsque les conseils-généraux des départemens se rassemblèrent pour la première fois, le premier thermidor an VIII, ils remarquèrent les plaies que huit années de révolution avaient faites au pays, et signalèrent le malheur des temps. Les contributions des portes et fenêtres furent l'objet des réclamations de soixante départemens; celui de la Somme dit, en termes fort positifs, que cet impôt était intolérable.

La restauration ne crut pas pouvoir le supprimer, mais au moins elle exigea qu'il fût perçu avec douceur et modération; on n'imposait que de vraies portes et de véritables croisées: aujourd'hui on marque impitoyablement jusqu'aux *ratières*.

On a vu des paysans indignés, menacer d'abandonner leurs demeures. Ils ne comprenaient pas qu'on pût leur vendre ainsi le peu d'air qu'ils respirent.

Pourquoi ces plaintes?

En réfléchissant un peu on verrait qu'il faut de l'argent au gouvernement, et que même il lui en faut beaucoup. N'a-t-il pas à défaut de la gloire extérieure, à laquelle il ne prétend pas, quatre cent mille soldats à entretetenir, dont il voudrait faire quatre cent mille gendarmes; le tout pour maintenir cet accord unanime qu'on voit régner en France depuis juillet.

Sa police doit aussi lui coûter fort cher. Ne lui faut-il pas salarier cette multitude d'agens, qui, comme des moustiques, se répandent en tous lieux? Des repris de justice, des galériens échappés du bagne, sont embrigadés, mis à la solde, initiés à la police secrète; on ne les oppose plus seulement aux assassins et aux voleurs, adversaires dignes d'eux! leur tâche est plus relevée: c'est maintenant contre les citoyens les plus honorables, contre ce que la France a de plus pur et de plus élevé, que sont lâchés tous les jours ces ignobles limiers.

De grands moyens sont indispensables pour être si bien servi. Il faut nécessairement des forces considérables, et beaucoup d'or, pour soudoyer ces bandes de délateurs.

Où peut-on trouver de si grandes ressources?.. pas ailleurs, que dans la poche des contribuables; il faut donc les pressurer. N'est-ce pas, je le répète, pour le gouvernement, une loi d'existence et de nécessité? mais aussi, pourquoi donc la révolution de 1830 entraîne-t-elle toutes ces obligations là?

Charles X, qu'elle a vaincu si vite, commença son règne aux acclamations du peuple; il abolit la censure, et le commerce le salua du nom de roi *marchand*. Pendant cinq années le royaume prospéra, et les lauriers de Navarin ne créérent pas de nouveaux subsides. En 1827, le roi sacrifia, par respect pour les formes constitutionnelles, un ministre qui avait eu long-tems sa confiance, mais dont la plus grande faute fut un coup de force inopportun. En frappant la garde nationale parisienne, il causa à l'état un dommage irréparable, il paralysa une de ses forces les plus imposantes. D'ailleurs sa justice fût surprise en cette occasion, et il punit un corps nombreux et recommandable pour les fautes de quelques turbulens. Nul doute, que cette belle milice n'eût opposé ses baïonnettes intelligentes aux efforts de la révolte ; elle les eût placées, comme arbitres, au milieu des combattans de juillet, et eût ramené l'ordre en sauvant la liberté. Le renvoi de M. de Villèle devait prouver à la France toute la bonne foi du monarque, qui le sacrifia seulement devant une majorité douteuse.

Pour l'en récompenser, la calomnie se dressa vers le trône et ne cessa plus de secouer tous ses serpens ; elle dénatura les intentions les plus pures, tortura le sens des paroles les plus claires, et arracha enfin à un éloquent ministre, cette triste prédiction : *nous marchons à l'anarchie !*

Cependant la presse, qui prenait le nom de libérale, redoublait ses attaques ; on voulait, disait-elle, asservir le corps électoral ; la couronne répondait en proposant la loi sur la rectification des listes et l'action des tiers, loi encore actuellement en vigueur et protectrice de la plus vitale de nos institutions. Cette presse, si impartiale, critiquait les sentimens religieux du souverain, censurait le clergé tout entier, mais prenait surtout pour point de mire de ses attaques, le corps enseignant des jésuites. Le roi entendit ces plaintes, quelque amères qu'elles fussent : une ordonnance retira l'enseignement à ces prêtres, objet d'une aussi grande antipathie. Est-ce là, je le demande; un roi absolu qui prétend gouverner de par son bon plaisir ?

Enfin, ce monarque constitutionnel, mais légitime, voulut porter la main sur la centralisalisation, cette grande plaie qui nous dévore. Son ministre, M. de Martignac, présenta le projet de loi aux chambres, en l'appuyant du grand talent qui fit sa gloire, mais qui le consuma si vite.... tout fut inutile: les beaux jours de la France étaient passés!

La discorde avait pénétré dans les chambres, traînant à sa suite les ambitions trompées, les haines et les défiances. Les lois communales et départementales furent retirées, et ce grand bienfait de Charles X resta paralysé dans ses mains.

Dès-lors, ne sachant plus où trouver une majorité parlementaire, il avança vers l'abîme; son dernier ministère l'en rapprocha encore, et enfin les 221 l'y précipitèrent. Qu'est-il arrivé alors? les malheureux ministres furent mis, pour leur vie, dans une prison d'état, établissant un précédent redoutable sur la responsabilité ministérielle. Mais voyez un peu la logique de cette révolution, faite en haine de l'illégalité et de l'injustice : le roi, reconnu inviolable et sacré, est néanmoins frappé comme ses ministres; ce palladium de nos libertés, la charte, cette arche sainte, se brise comme verre dans les mains de nos députés *fidèles*. Ils reprochaient au gouvernement une illégalité; vite, ils en font cent autres! le tout par respect pour les droits du peuple.

Non, j'aime à le croire, ce n'est point ainsi qu'eût agi le général Foy, ce chef si remarquable de la longue opposition parlementaire. J'en appelle à ses mânes eux-mêmes! celui qui protesta si souvent de son dévouement à nos institutions, ne les eût point foulées aux pieds dans un moment de colère ; il eût accusé, mais la charte à la main ; dans son impartiale sévérité, il eût puni le sujet, mais respecté le monarque; il n'eût pas surtout étendu ses vengeances sur un dernier rejeton; sa puissante voix eût sans doute protégé la faiblesse et l'innocence, et l'homme fort eût peut-être fléchi le genou devant l'orphelin.

Un pauvre enfant aurait-il donc emporté la fortune de la France! Révolution de juillet, qui es venue te substituer à tant de choses, il fallait au moins nous apporter le bonheur pour les faire oublier plus vite!

Je m'arrête ici, quoique mon sujet ne soit point épuisé. Assez d'autres prôneront l'ordre de choses actuel et adresseront de nombreux hommages au gouvernement, sous lequel ils ont le bonheur de vivre. Rien de mieux, si c'est réellement là leur opinion. Chacun la sienne et liberté pour toutes.

Pour moi, je vois dans la révolution de 1830 un fait accompli, qui a une puissance matérielle incontestable. Mais l'appeler admirable, glorieuse, favorable aux intérêts du pays, c'est là, à mon avis, un abus de mots manifeste : un non sens visible contre lequel je viens protester ici de tout mon pouvoir.

Tableau comparatif des impositions, pendant les années 1830, 1831, 1832, pour le département de la Manche.

1830. LOI DU 2 AOUT 1829.

Foncière, en principal et centimes
   additionnels. . . . . 4,389,048 f. 89 c.
Personnelle et mobilière, principal
   et centimes additionnels 599,416   70

TOTAL. . . . . . 4,988,465 f. 59 c.

1831. LOI DU 18 AVRIL 1831.

id.   18 OCTOBRE MÊME ANNÉE.

Foncière, en principal et centimes
   additionnels, y compris les 30 cent.
   extraordinaires . . . . 5,595,199 f. 73 c.
Personnelle et mobilière, principal
   et centimes additionnels 574,536   90

TOTAL. . . . . 6,169,736 f. 63 c.

1832. LOI DU 21 AVRIL 1832.

Foncière, en principal et centimes
   additionnels. . . . . 4,590.074 f. 03 c.
Personnelle et mobilière, en princi-
   pal et centimes additionnels. 791,312   »»

TOTAL. . . . 5,381,386 f. 03 c.

NOTA. Nous n'avons pas porté dans ce tableau les portes et fenêtres, attendu que nous n'avons pu encore nous procurer le tableau fixant la part contributive du département de la Manche, pour 1831 ; on peut néanmoins être certain que cette contribution, pour cette année et la suivante, doit être beaucoup plus forte que la précédente, puisque d'après le tableau général, les portes et fenêtres étaient, pour la France entière,

En 1830, de. . . . . 15,327,414 f.
En 1831, de. 29,490,000
En 1832 26,818,500
Mêmes observations pour les patentes.